Can you say these sounds?

a b c k d e
g h i j o p
t u x y w qu
ch f ff ph l ll
m n r s ss v
z zz sh th nk ng

igh-igh-igh

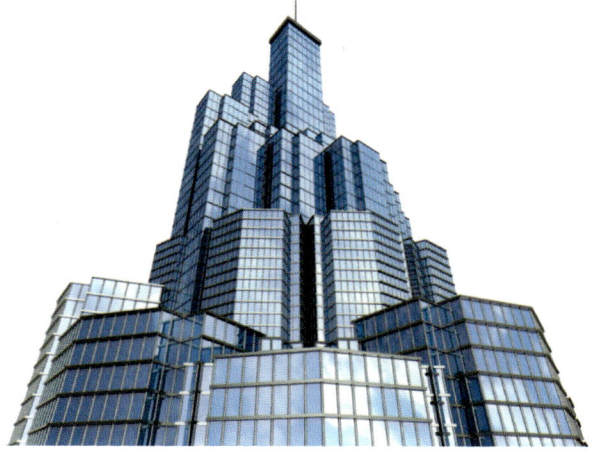

h**igh**

air

air-air-air

p*air*

h**air**

ch**air**

are-are-are
sounds like "air"

care

h**are**

sh**are**

igh	n**ight**
air	**air**
are	r**are**

are	scare
igh	bright
air	stair

ear

ear-ear-ear

ear

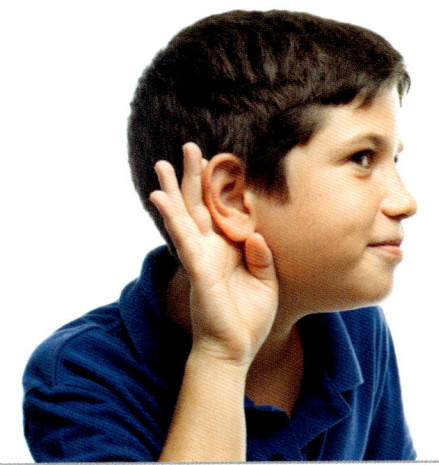 h**ear**

 b**ear**d

ure

ure-ure-ure

pure

cure

secure

ture

ture-ture-ture

picture

vul***ture***

mix***ture***

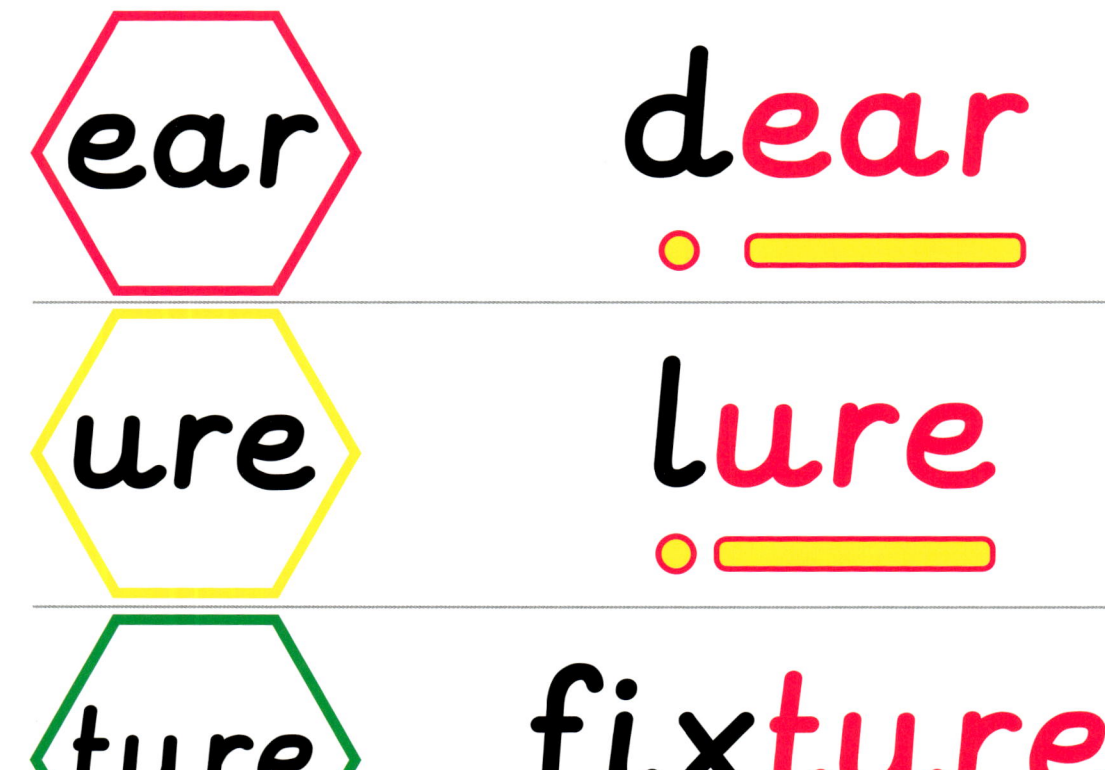

tion

tion-tion-tion

 lotion

motion

option

tious-tious-tious

infec*tious*

scrump*tious*

cious

cious-cious-cious
sounds like "tious"

vicious

pre**cious**

deli**cious**

cious	delicious
tion	portion
tious	repetitious

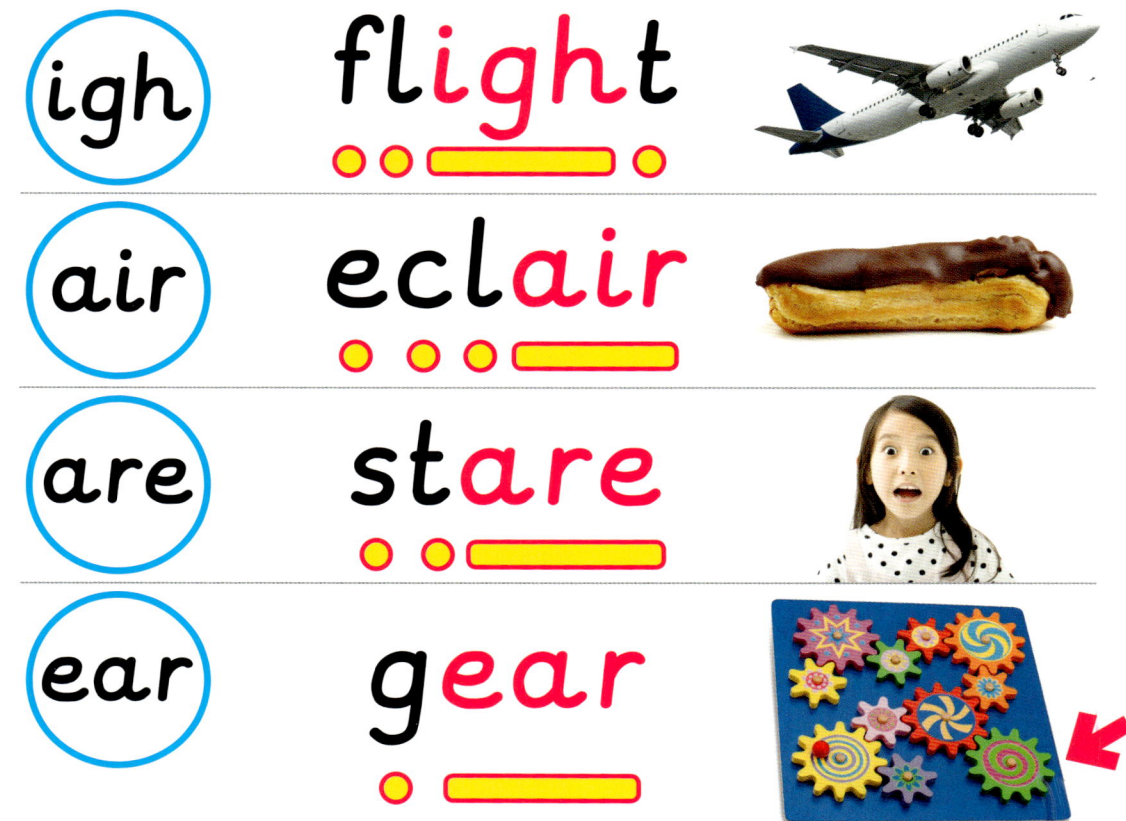

igh	flight
air	eclair
are	stare
ear	gear

igh	might
air	fair
are	spare
ear	near
ure	obscure

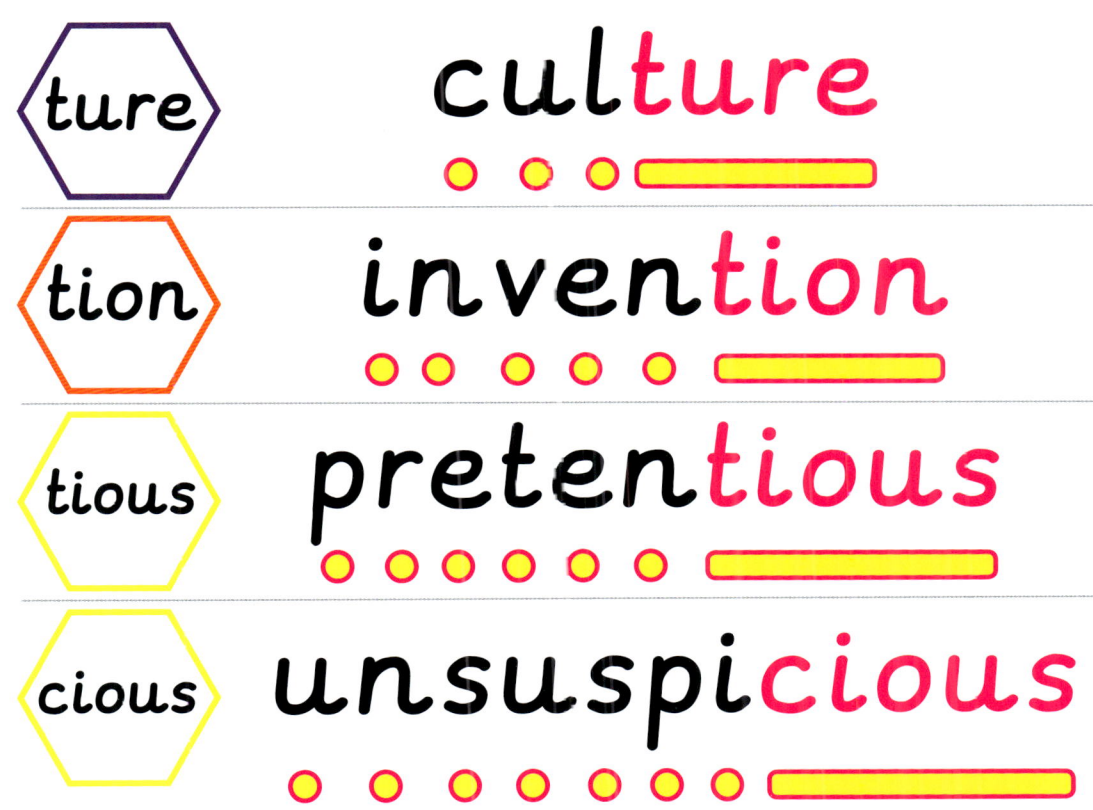

Can you say these sounds?

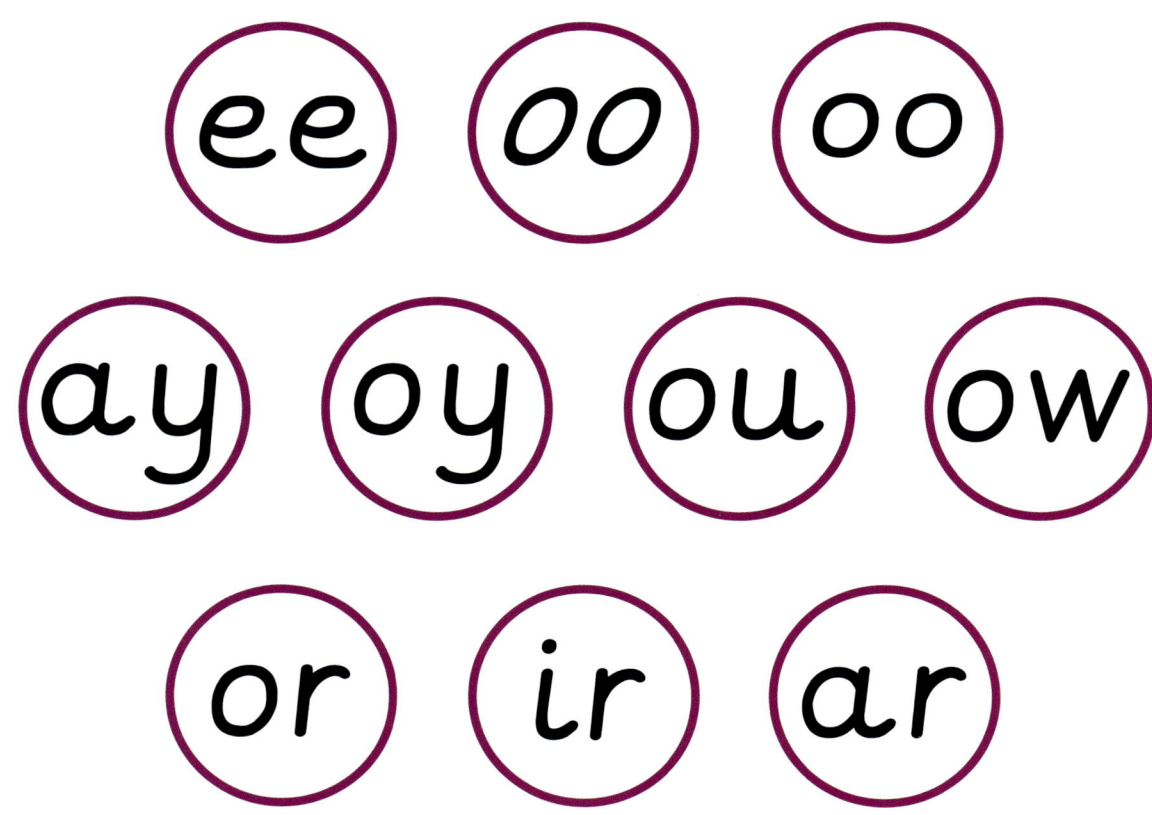

Can you say these sounds?

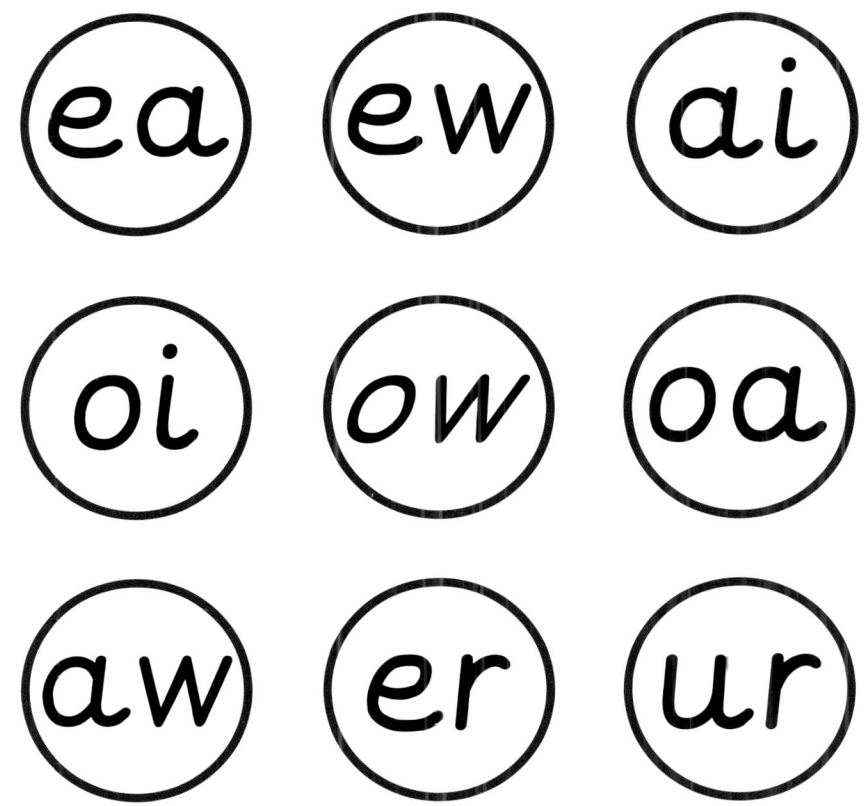

Can you say these sounds?

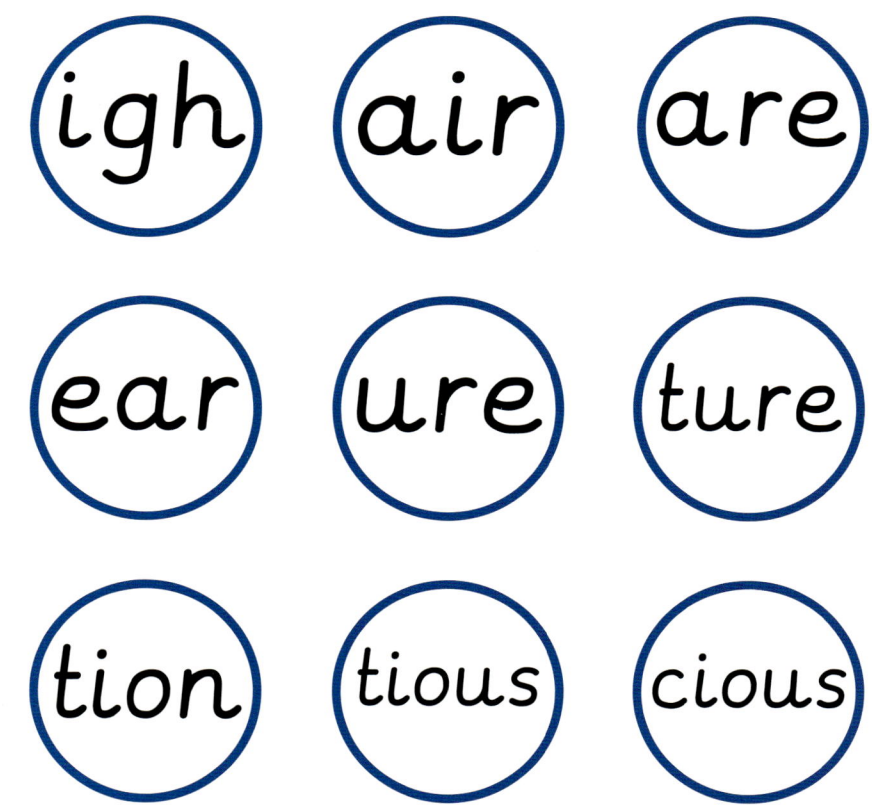